CU00705373

CONFESSIO PATRICII

CONFESSIO PATRICII

Michael J. Dybicz

DOMUS
MILVINA

© 2023 Michael J. Dybicz
Last updated on April 24, 2023.
All rights reserved.

Cover illustration by Nico Ertl.

Iacōbō

Table of Contents

Acknowledgements

I would like to thank Andrew Morehouse for his professional editing of this novella. His knowledge of Latin as well as his concern for the flow of the story were invaluable. Any mistakes that remain are my own.

A Note to the Reader

I have attempted to write a story that will both amuse you *and* be easy to understand. If it should fail at either, please read something else. If you are being forced to read this book for class, please (politely!) inform your teacher how this book falls short of either of these two goals.

This story is based on St. Patrick's *Confessio,* written in the 5th Century by Patrick himself. *Confessiō* means "acknowledgment," but of what? It could of one's sins, of one's faith in God, or of praise. Patrick's *Confessiō* has something of all three.

You will notice that the story I've written is extremely vague concerning names of places and people, but strangely exact concerning numbers. So is Patrick's. I have done my best to retell Patrick's adventures as a young man while keeping true to the spirit of the original. You may find some other things in this book strange. Good! Latin offers you a marvelous way of accessing the minds of those living long ago.

Any changes are due to the limits imposed by using only one hundred and fity unique words.

You may read Patrick's orginal *Confessio* at:
https://www.confessio.ie/etexts/confessio_latin#01

An English translation may be found here:
https://www.confessio.ie/etexts/confessio_english#

I

Magnus Est Deus

nōmen mihi est Patricius. multa
mala ēgī; nam Deō nōn crēdēbam.
puer eram, sed etiam tum Deō nōn
crēdēbam. nunc tamen Deō crēdō.

 virī tamen nōn putant mē esse
magnum virum. nam rūsticus sum.
in magnā urbe in Ītaliā sitā nōn
habitābam. in quōdam oppidō
parvō in Britanniā sitō habitābam.
itaque etiam nunc multīs nōn
placeō. Deus tamen magnum
auxilium mihi tulit. Deus multa
mihi dedit. magnus est Deus.

mala *bad things*
crēdēbam *I was trusting in*

crēdō *I trust in*

mē esse *that I am*

magnum *important*
rūsticus *from the country*

sitā *located*

quōdam *a certain, a specific*

Britanniā *Britain*
sitō *located*
habitābam *I was living*

multīs *to many people*

placeō *I am pleasing*

multa *many things*

dedit *has given*

pater mihi erat nōmine
Calpurnius; in Britanniā cum patre

Britanniā *Britain*

et mātre laetus habitābām, sed ego
malus eram. nam Deō nōn
crēdēbam. sacerdōtēs semper

crēdēbam *I was trusting in*

iubēbant mē Deum audīre.

iubēbant *were telling*

sacerdōtēs semper iubēbant mē
Deum amāre. ego tamen sacerdōtēs
nōn cūrābam. Deum numquam

cūrābam *I was caring about*

precābar; nam Deum nōn cūrābam.

precābar *I was praying to*

auxilium Deī habēre nōlēbam.
nōnne patrem bonum habēbam?
nōnne mātrem bonam habēbam?
nōnne domum bonam habēbam?
cūr auxilium Deī habēre vellem?

vellem *would I want*

Deus tamen mē exspectāvit.
Deus mē amābat, sīcut pater fīlium
amat. servus sum factus, sed Deus
multa mihi dedit. itaque mihi
dīcendum est. omnibus dīcō id
quod Deus mihi fēcit. nam Deus
omnēs exspectat. Deus omnēs
amat. omnēs ad sē dūcere vult.

exspectāvit *waited for*

sīcut *just as*
fīlium *his son*

est factus *was made*

multa *many things*
mihi dicendum est *it must be spoken by me;* better, *I must speak*
omnibus *to all people*
dīcō *I speak*
id quod *that which;* better, *what*
fēcit *has done*

omnēs *all people*
exspectat *waits*

sē *to himself*

II

Captus

iam mīlitēs Rōmānī ex Britanniā abierant. nam multī Germānī in imperium Rōmānum veniēbant. mīlitēs tamen Rōmānī nōn iam erant multī. itaque iīs ex Britanniā abeundum erat ut Ītaliam et Galliam dēfenderent. Britanniam dēfendere nōn iam poterant.

cum mīlitēs Rōmānī abiissent, latrōnēs ex Hiberniā ad Britanniam semper veniēbant. nōs Britannī nōn iam erāmus mīlitēs. nam Rōmānī nōs semper dēfenderant. nunc

mīlitēs Rōmānī *Roman soldiers*
Britanniā *Britain*

abierant *had left*
Germānī *Germans*

imperium Rōmānum *the Roman Empire*

iīs *by them*

ut … dēfenderent *so that they might defend*
Ītaliam *Italy*

Galliam *Gaul* [modern France]

cum *when*
abiissent *had left*

latrōnēs *bandits*
Hiberniā *Ireland*

nōs *we*
Britannī *Britons* [the inhabitants of Britannia]
erāmus *were*

nōs *us*
dēfenderant *had defended*

4

tamen hī latrōnēs Britannōs semper capiēbant. tum eōs ad Hiberniam ferēbant. ibi Britannī fiēbant servī. sānē hī Hibernī nōbīs nōn placēbant, sed nōs dēfendere ab iīs nōn poterāmus. itaque multī Britannī ā Britanniā abībant et ad Galliam ībant. nam Hibernī ad Galliam nāvibus numquam ībant.

ego et pater et māter tamen in Britanniā manēbāmus. nōn putābāmus Hibernōs ad oppidum nostrum esse ventūrōs.

quondam tamen latrōnēs Hibernī ad oppidum nostrum vēnērunt et mē iuvenem cēpērunt!

hī latrōnēs *these bandits*
Britannōs *Britons*

Hiberniam *Ireland*

ibi *there, in that place*
servī *slaves*
fiēbant *they were being made*

hī Hibernī *these Irishmen*
nōbīs *to us*

nōs *ourselves*
ab iīs *from them*

poterāmus *we were able*

Galliam *Gaul* [modern France]

nāvibus *by means of their ships;*
  better, *in their ships*

manēbāmus *we were staying*

putābāmus *we were thinking*
oppidum *town*

nostrum *our*
esse ventūrōs *would come*

quondam *one day*

mē iuvenem *me, a young man;*
  better, *me, when I was a*
  young man

5

ō mē miserum! trīstissimus eram!

patrem et mātrem valdē amābam.

domus nostra mihi valdē placēbat!

nostra *our*

latrōnēs tamen haec nōn cūrābant.

haec *these things*
cūrābant *were caring about*

mē et multōs aliōs Britannōs ad

mare dūxērunt. tum nōs ad

mare *the sea*

Hiberniam nāve suā tulērunt. ibi

Hiberniam *Ireland*
nāve suā *by means of their ship;*
better, in their ship

servus factus sum. ego et omnēs aliī

servus *a slave*
factus sum *I was made*

Britannī servī factī sumus.

factī sumus *were made*

tum ad quendam rēgem

quendam *a, a certain*

Hibernum ductus sum. putābam

Hibernum *Irish*
ductus sum *I was led*
putābam *I was thinking*

hunc rēgem esse virum malum.

esse *was*

itaque ille mihi nōn placēbat. mox

ille *he*

iussit mē ovēs suās cūrāre.

iussit *he ordered*
ovēs *sheep*
suās *his*
cūrāre *to care for*

ovibus vīsīs, nesciēbam quid

ovibus *the sheep*

agerem. ovēs cūrāre nōlēbam! ovēs

agerem *I should do*

cūrāre nesciēbam! nōlēbam in montēs et silvās īre! nōlēbam in montibus et silvīs habitāre! ovēs tamen ad montēs dūxī; nam rēx iusserat mē servum ovēs cūrāre.

itaque in montibus et silvīs ovēs cūrābam. semper ovēs cūrābam. multōs diēs et noctēs ovēs cūrābam. sex annōs ovēs huius rēgis cūrābam! sōlus ovēs cūrābam. trīstissimus eram quia sōlus in Hiberniā eram.

nesciēbam *I was not knowing how*

montēs *mountains*
silvās *forests*

ovēs *sheep*

iusserat *had ordered*
mē servum *me, a slave*

cūrābam *I was carrying for*

multōs diēs et noctēs *for many days and nights*

sex annōs *for six years*
huius rēgis *of this king*

sōlus *by myself*

III

Vōx[1]

mox tamen nōn iam eram trīstis.

laetus factus sum. in Hiberniā

manēre nōlēbam. servus esse

nōlēbam. trīstis tamen nōn iam

eram. nam nunc Deō crēdēbam.

    tandem volēbam audīre id

quod sacerdōtēs mihi dīxerant.

sacerdōtēs tamen audīre nōn

poteram, quia nūllī sacerdōtēs

Christiānī erant in Hiberniā. nam

nūllī Hibernī putābant Deum

Christiānum esse. ego tamen iam

nōn iam *not now;* better, *no longer*

factus sum *I was made;* better, *I became*
Hiberniā *Ireland*

esse *to be*

id quod *that which,* better *"what"*

dīxerant *had said*

nūllī *no*

Christiānī *Christian*

Hibernī *Irishmen*
putābant Deum Christiānum esse *were thinking that the Christian God was;* better, *were believing in the Christian God.*

---

[1] **Vōx** *the Voice*

Deō crēdēbam. semper putābam Deum mē amāre. itaque semper precābar. diē et nocte precābar; nam Deum tandem amābam.

putābam *I was thinking*

amāre *loved*

precābar *I was praying*
diē et nocte *night and day*

tum quādam nocte vōcem audīvī. dormiēbam, sed vōcem audīvī. nūllum tamen hominem vīdī, sed tantum vōcem audīvī. vōx, "bene," inquit, "precātus es! mox ab hāc terrā abībis!"

quādam nocte *one night*
vōcem *a voice*

nūllum *no*

tantum *only*

precātus es *you have prayed*

terrā *land*
abībis *you will leave*

vōce audītā, laetus eram; nam putābam hanc vōcem esse Deī. valdē volēbam ab hāc terrā abīre et iter ad Britanniam facere. valdē volēbam patrem et mātrem rūrsus vidēre. ovēs semper cūrāre

esse *was*
Deī *God's*

iter *a journey*
facere *to make*

cūrāre *to care for*

nōlēbam. nesciēbam tamen quōmodo ab Hiberniā abīrem. nōnne servus eram? servī abīre nōn poterant.

quōmodō *how*
abīrem *I could leave*

    fortasse sex post diēbus rūrsus illam vōcem audīvī. rūrsus dormiēbam, et rūrsus illam vōcem audīvī, quae, "nāvis tua," inquit "tē exspectat." nunc sciēbam hanc vōcem esse Deī.

sex post diēbus *six days later*

vōcem *voice*

nāvis *ship*

exspectat *is waiting for*

esse *was*
Deī *God's*

    Deus dīxerat nāvem meam mē exspectāre! nāvem nōn habēbam, quia servus eram. sciēbam tamen Deum mē ad nāvem ductūrum esse. nesciēbam tamen quid agerem; nam nūllae nāvēs erant

dīxerat *had said*

exspectāre *was waiting for*

ductūrum esse *would lead*

agerem *I should do*
nūllae *no*

prope mē; nam in montibus ovēs rēgis cūrābam. Deus tamen mē ad nāvem īre iusserat. itaque putābam mihi ad nāvem eundum esse. itaque ab ovibus abiī et iter ad mare fēcī.

montibus *mountains*
ovēs *sheep*

rēgis *of the king*

iusserat *had ordered*
putābam *I was thinking*

eundum esse *it must be go-ed*

iter *a journey*
mare *the sea*

fēcī *I made*

IV

Ad Nāvem

ducenta mīlia passuum per montēs
et silvās iter faciēbam. tandem ad
oppidum quoddam prope mare
situm vēnī. laetus eram; nam per
montēs et silvās īre mihi nōn
placēbat. in hōc oppidō nāvem vīdī.
nāve vīsā, laetissimus eram; nam
putābam hanc nāvem esse eam, ad
quam Deus mē dūxerat.

    mihi, "ecce!" inquam, "tandem
nāvem videō. sānē haec est nāvis,
quae mē exspectat. sānē haec est
nāvis, quam Deus mihi dedit. sānē

ducenta mīlia passuum *two hundred thousands of paces;* better, *two hundred miles*
iter *a journey*
faciēbam *I was making*

quoddam *a certain, a*
oppidum *town*
mare *the sea*

situm *located*
per *through*

esse *was*
eam, ad quam *the one to which*

dūxerat *had led*

mihi *to myself*
inquam *I said*

quae *which*
exspectat *is waiting for*

quam *which*

haec nāvis mē ab Hiberniā mox feret. semper precābar. itaque Deō placēbam, quī mihi hanc nāvem dedit. tandem ab hāc terrā abībō! tandem iter ad Britanniam faciam. tandem patrem et mātrem rūrsus vidēbō! rē vērā erat vōx Deī!"

tum ad nāvem laetus iī et magistrō nāvis, "salvē," inquam, "ō bone magister nāvis! in Hiberniā manēre nōlō. ab Hiberniā abīre volō. ad Brittaniam īre volō. nam domus mea est in Britanniā. vīsne tū ab Hiberniā abīre? vīsne mē ad Britanniam ferre? fer mē, ō bone magister, nāve tuā ex hāc terrā!"

feret *will bring*
precābar *I was praying*

quī *who*

abībō *I will leave*

faciam *I will make*

vidēbō *I will see*
rē vērā *truly*
Deī *of God*

magistrō nāvis *to the master of the ship*
inquam *I said*

vīsne? *do you want?*

fer! *bring!*

magister *master*
nāve tuā *by means of your ship; better, in your ship*

13

mē tamen audītō, magister nāvis nōn erat laetus. nam magistrō nāvis nōn placēbam. nesciēbam cūr eī nōn placērem; eī tamen nōn placēbam. itaque magister nāvis mihi, "abī," inquit, "ō iuvenis male! sānē tē ad Britanniam ferre nōlō. abī!"

trīstissimus ab nāve abiī. nam magister nāvis dīxerat sē mē ad Britanniam ferre nōlle. nesciēbam quid agerem.

mihi, "cūr," inquam, "Deus mē ad hoc oppidum dūxit? iussitne Deus mē ad hoc oppidum īre? eratne vōx vēra Deī? putābam hanc

magister nāvis *the master of the ship*

eī *to him*
placērem *I was pleasing*

abī! *go away!*

dīxerat *had said*
sē *that he*

nōlle *didn't want*

agerem *I should do*

mihi *to myself*
inquam *I said*

oppidum *town*

iussitne? *did he tell?*

vēra *real, true*
Deī *of God*
putābam *I was thinking*

14

nāvem mē ab Hiberniā lātūram esse. sānē tamen haec nāvis mē nōn exspectābat. haec nāvis nōn est mea.

fortasse iter mihi ad aliud oppidum faciendum est? ducenta tamen mīlia passuum iam iī. iter ad aliud oppidum facere nōn possum. sānē tamen illa vōx erat Deī. Deō ā mē crēdendum erat. Deus iussit mē ad nāvem īre. itaque mihi ad nāvem eundum est. quia haec nāvis mē nōn exspectat, ad aliam nāvem ībō. sānē in Hiberniā est nāvis, quae mē exspectat."

lātūram esse *would bring*

exspectābat *was waiting for*

iter *a journey*

ducenta mīlia passuum
    literally, *for two hundred
    thousands of paces;* better,
    for two hundred miles

iī *I have gone*

Deī *God's*
Deō ā mē crēdendum erat *it
    had to be trusted in God by me;
    better, I had to trust God*

iussit *ordered*

ībō *I will go*

quae *which*

trīstis tamen eram; nam ducenta mīlia passuum iter fēcī et nāvem nōn habēbam. Deō tamen crēdēbam. itaque Deum precābar et grātiās eī agēbam. subitō quīdam vir, quī in hōc oppidō habitābat, ad mē vēnit et "salvē," inquit, "ō iuvenis! cūr ab illā nāve abīs? nōnne magistrum nāvis audīs? sānē ille tē vocat. cūr ab illō abīs?"

miser fueram. itaque magistrum nāvis nōn audīveram! nunc tamen eum audīvī. rē vērā magister nāvis mē vocābat! "grātiās," inquam, "tibi agō, ō bone vir," et ad nāvem rūrsus iī.

ducenta mīlia passuum *of two hundred thousand paces; better, of two hundred miles*
iter *a journey*
fēcī *I made*

crēdēbam *I was trusting in*
precābar *I was praying to*

quīdam *a certain, a*

magistrum nāvis *the master of the ship*

ille *he*
vocat *is calling*
illō *him*

fueram *I had been*

audīveram *I had heard*

rē vērā *truly*

vocābat *was calling*

inquam *I said*

16

"salvē," inquam, "ō magister nāvis! cūr mē vocābās? vīsne mē ex hāc terrā ferre?"

vocābās *you were calling*

magister nāvis respondit, "audī, ō iuvenis! mihi nōn placēs. tē tamen ex Hiberniā nāve meā ferre possum. iter ad Britanniam factūrī sumus. vīsne iter nōbīscum ad Britanniam facere?"

Hiberniā *Ireland*
nāve meā *by means of my ship;*
   better, *in my ship*

iter *a journey*
factūrī sumus *we are about to*
   make

magistrō respondī, "ō magister nāvis! grātiās tibi agō! iter ad Britanniam facere volō. grātiās tibi quoque, Deus mī, agō! nam tandem mē ex Hiberniā dūxistī!"

magistrō *to the master*

mī *my*

dūxistī *you have led*

hīs audītīs, magister nāvis nōn erat laetus. "quem," inquit,

hīs *these things*
magister nāvis *the master of the*
   ship

quem *whom*

"precāris, ō iuvenis? esne Christiānus? Christiānī mihi nōn placent. venī tamen in nāvem meam! nam mox abībimus!"

precāris *are you praying to*
esne? *are you?*

venī! *come!* [an order made to one person]

abībimus *we will leave*

V

Britannia

itaque mox in nāve eram quae ad Britanniam ībat. trēs diēs per mare iter faciēbāmus. tandem ad Britanniam vēnimus; nāvis tamen ad oppidum nōn vēnit. magister nāvis quoddam ad oppidum venīre volēbat, sed nōn poterat.

nāvis ad silvam vēnit. magistrō nōn placēbat.

magister nāvis, "ēheu!" inquit, "ad Britanniam vēnimus; ad oppidum tamen venīre nōn poterāmus. ad silvam vēnimus.

quae *which*

ībat *was going*
trēs diēs *for three days*
mare *the sea*

faciēbāmus *we were making*

magister nāvis *master of the ship*

quoddam ad oppidum *to a certain town*

silvam *to a forest*

placēbat *this was pleasing*

vēnimus *we have come*

poterāmus *we were able*

19

itaque nōbīs per silvam eundum est.

    "agite, hominēs! vōs per silvam ad oppidum dūcam! nōn tamen sum laetus. nam multum cibī nōn habēmus. in silvā morī nōlō. itaque iter ad oppidum quoddam faciendum est ut cibum habeāmus. agite!"

    tum mox magister nāvis per silvam nōs dūcēbat. ego tamen eram laetus; nam ex Hiberniā abieram. diē et nocte precābar; nam Deō valdē crēdēbam. nōnne ille mē ex Hiberniā ad Britanniam

nōbīs *by us*

agite! *come on!* [order made to more than one person]
vōs *you* [more than one person]

dūcam *I will lead*

multum cibī *a lot of food*

habēmus *we have*
morī *to die*

quoddam *a certain, a*
ut *so that*

habeāmus *we may have*
agite! *come on!* [order made to more than one person]

dūcēbat *was leading*

Hiberniā *Ireland*

abieram *I had left*
diē et nocte *day and night*
precābar *I was praying*

crēdēbam *I was trusting in*
ille *he*

duxerat!? putābam mē patrem et mātrem mox vīsūrum esse.

nōs tamen post multōs diēs erāmus miserī; nam nunc nūllum cibum habēbāmus. nunc nesciēbāmus quid agerēmus.

homō quīdam, "ō hominēs," inquit, "quid agāmus? nūllum cibum habēmus, et ad oppidum venīre nōn potuimus. mox hāc in silvā moriēmur, quia nūllum cibum habēmus."

nāvis magister mihi, "age," inquit, "ō Patricī! cūr auxilium nōbīs nōn fers? nam semper tē precantem videō. nōnne tū es

duxerat *had led*
putābam *I was thinking*
mē *that I*

vīsūrum esse *would see*

nōs *we*
diēs *days*

erāmus *we were*

cibum *food*
habēbāmus *we were having*

nesciēbāmus *we didn't know*
agerēmus *we should do*

quīdam *a certain, one*

agāmus *we should do*

habēmus *we have*

potuimus *we were able*
hāc in silvā = *in hāc silvā*

moriēmur *we will die*

age! *come on!* [order made to one person]

nōbīs *to us*
fers *you bring*

precantem *praying*

Christiānus? diē et nocte tē Deum Christiānum precantem audiō. semper dīcis Deum tuum esse magnum.

"cūr Deus tuus auxilium nōbīs nōn fert? nōn putō Deum tuum esse magnum; nam auxilium nōbīs ferre nōn potest."

iīs respondī: "Deō crēdō. vōs quoque crēdite Deō! sānē Deus auxilium nōbīs feret. Deus auxilium omnibus fert. sānē Deus nāvem mihi dedit ut domum meam rūrsus venīrem. nāvem mihi nōn dedit ut in silvā morerer."

diē et nocte *day and night*

precantem *praying to*

esse *is*

esse *is*

nōbīs *to us*

iīs *to them*
respondī *I responded*
crēdō *I trust in*

crēdite! *trust in!* [an order made to one person]

feret *will bring*

omnibus *to all*

ut *so that*

venīrem *I might come*

ut *so that*
morerer *I might die*

tum Deum precābar: "ō Deus mī, fer auxilium nōbīs! nam in hāc silvā miserī sumus. ad oppidum venīre nōn possumus. sānē moritūrī sumus quia cibum nōn habēmus. quondam auxilium mihi tulistī. nam mē ad nāvem dūxistī ut ab Hiberniā abīrem. nunc ab Hiberniā abiī sed patrem et mātrem nōn vīdī.

"sānē mē ex Hiberniā dūxistī, quia mē aliquid magnī facere vīs? aliquid magnī hāc in silvā facere nōn possum. itaque fer auxilium nōbīs!"

precābar *I was praying to*

mī *my*
fer! *bring!* [an order made to one person]
nōbīs *to us*

sumus *we are*

possumus *we are able*

moritūrī *about to die*

habēmus *we have*
quondam *one time*

ut *so that*
Hiberniā *Ireland*

abīrem *I might leave*

abiī *I have left*

vīdī *I have seen*

aliquid magnī *something great, something important*

hāc in silvā = *in hāc silvā*

fer! *bring!* [an order made to one person]
nōbīs *to us*

tum sānē Deus auxilium nōbīs
tulit. nam subitō multī suēs ad nōs
vēnērunt. omnēs erāmus laetī, quia
nunc multum cibī habēbāmus!
duōs diēs ibi manēbāmus. tum
magister nāvis rūrsus nōs ad
quoddam oppidum dūcēbat. nunc,
quia multum cibī habēbāmus, ad
oppidum venīre poterāmus.

suēs *pigs*
nōs *us*

erāmus *we were*

multum cibī *a lot of food*
habēbāmus *we were having*

duōs diēs *for two days*
manēbāmus *we were staying*

magister nāvis *the master of the ship*

quoddam *a certain, a*

multum cibī *a lot of food*
habēbāmus *we were having*

poterāmus *we were able*

VI

Domum?

ad oppidum tandem vēnerāmus.
hoc tamen oppidum nōn erat
meum, sed iter ad oppidum meum
facere nōn poteram. duōs annōs illō
in oppidō mihi manendum erat.
valdē volēbam iter ad oppidum
meum facere. valdē volēbam
patrem et mātrem vidēre.

tandem duōbus post annīs ad
oppidum meum vēnī. tandem
domum meam vīdī. domō vīsā,
grātiās Deō ēgī; nam ille mē
domum dūxerat. tandem patrem et

vēnerāmus *we had come*

iter *a journey*

facere *to make*
duōs annōs *for two years*

illō in oppidō = *in illō oppidō*

duōbus post annīs *two years later, after two years*

ille *he*

dūxerat *had led*

25

mātrem vīdī. laetissimus erat pater.

laetissima erat māter. laetissimus

eram ego!

māter mihi, "ō mī Patricī,"

inquit, "putābam mē tē numquam

rūrsus esse vīsūram! putābam

latrōnēs Hibernōs tē fortasse

interfēcisse! putābam latrōnēs

Hibernōs fortasse tē servum fēcisse

et ad Hiberniam tulisse. nunc

tamen tū domum vēnistī. nōlī

rūrsus ā nōbīs abīre. tibi nōbīscum

semper manendum est."

pater mihi, "ō fīlī mī," inquit,

"tē vīsō, numquam fuī laetior. sānē

tibi nōbīscum semper manendum

mē *I*
putābam *I was thinking*

esse vīsūram *would see*

latrōnēs *bandits*
Hibernōs *Irish*

interfēcisse *had killed*

fēcisse *had made*

tulisse *had brought*

vēnistī *have come*
nōlī . . . abīre! *don't go away!*
   [an order made to one
   preson]
nōbīscum *with us*

fuī *I was*
laetior *more happy*

est. tibi ā nōbīs numquam abeundum est."

iīs respondī, "ō māter et pater, auxiliō Deī ad vōs vēnī. nam latrōnēs Hibernī mē cēpērunt et ad Hiberniam tulērunt. ibi factus sum servus rēgis cuiusdam. ille iubēbat mē ovēs suās cūrāre. itaque sex annōs ovēs eius in montibus et silvīs mihi cūrāndae erant. illae ovēs mihi numquam placēbant.

"in illīs tamen montibus et silvīs tandem Deō crēdēbam. diē et nocte precābar. tandem eum amābam. tandem eum audīre volēbam; et eum audīvī! nam

ā nōbīs *from us*

iīs *to them*

auxiliō *by the help*
vēnī *I have come*

factus sum *I was made*

rēgis cuiusdam *of a certain king*
ille *he*
iubēbat *was ordering*
ovēs suās *his sheep*
cūrāre *to care for*
sex annōs *for six years*

eius *his*

illae *those*

crēdēbam *I was trusting in*
diē et nocte *day and night*

precābar *I was praying*

vōcem vēram eius audīvī! ille mihi dīxit! dīxit mē mox ab Hiberniā abītūrum esse et nāvem mē exspectāre. hāc vōce audītā, ab montibus abiī et iter ad mare fēcī.

"haec vōx rē vērā erat Deī; nam mē ad nāvem dūxit ut ab Hiberniā abīrem. tandem multīs post annīs ad vōs vēnī. sānē ā vōbīs numquam abīre volō. itaque numquam rūrsus domō abībō. in hōc oppidō vōbīscum laetus semper habitābō."

pater mihi, "ō Patricī," inquit, "grātiās Deō agāmus. nam sānē ille tē ad nōs tulit."

vēram *true, real*
eius *his*
ille *he*

mē *I*

abitūrum esse *would leave*

exspectāre *was waiting for*

rē vērā *truly, really*
Deī *God's, of God*

ut *so that*

abīrem *I might leave*
multīs post annīs *after many years*

vēnī *I have come*
vōbīs *you* [more than one person]

abībō *I will leave*

vōbīscum *with you* [more than one person]
habitābō *I will live*

agāmus *let us give*
ille *he*

nōs *us*

illā tamen nocte ego dormiēns vōcem rūrsus audīvī, sed nōn erat vōx Deī. erant vōcēs multōrum Hibernōrum.   poteram   hōs Hibernōs vidēre, quī mihi, "venī," inquiunt, "ad nōs, ō sāncte iuvenis et nōbīscum rūrsus manē!"

tum putābam mē domī manēre nōn posse. domī manēre volēbam, sed Deus volēbat mē abīre. sciēbam mihi ad Hiberniam rūrsus eundum esse. sānē Deus ipse mē ad Hiberniam vocābat; nam Hibernī nōn putābant Deum esse.

quondam Deus auxilium mihi tulerat. nunc auxilium ā mē

illā ... nocte *that night*
ego dormiēns *I sleeping;* better, *while I was sleeping*

Deī *of God*
multōrum Hibernōrum *of many Irish people*

quī *who*
venī! *come!* [an order made ot one person]

inquiunt *they said*
nōs *us*
sancte *holy*
nōbīscum *with us*
manē! *stay!* [an order made to one person]

mē *I*

posse *was able*

Hiberniam *Ireland*
eundum esse *it had to be go-ed;* better, *I had to go*

nōn putābant Deum esse *were not believing that God was;* better, *were not believing in God*

quondam *once, one time*

tulerat *had brought*
ā mē *by me*

Hibernīs ferendum erat. Deus mē ad sē dūxit. nunc Hibernī mihi ad Deum dūcendī erant. itaque iter ad Hiberniam mihi faciendum erat ut dē Deō Hibernīs dīcerem.

   itaque mox domō abiī. trīstis eram quia mihi ab patre et mātre abeundum erat. laetus tamen eram; nam faciēbam id quod Deus volēbat mē facere. Deus iusserat mē ad Hiberniam īre; itaque iter mihi ad Hiberniam faciendum erat.

   tum tamen iter ad Hiberniam nōn fēcī. nam putābam Deum mē ad Galliam vocāre ut fierem sacerdōs. iuvenis eram et multa

Hibernīs *to the Irish*

sē *himself*

ut *so that*

dīcerem *I might talk*
Hibernīs *to the Irish*

domō *from the house*

faciēbam *I was doing*
id quod *that which;* better, *what*

iusserat *had ordered*

vocāre *was calling*
ut *so that*
fierem *I might become*

sacerdōs *a priest*
multa *many things*

nesciēbam. tandem multīs post annīs ego sacerdōs ad Hiberniam vēnī.

quondam servus eram in Hiberniā, ovēs cūrāns. nunc ibi sacerdōs eram, omnēs hominēs cūrāns. multa itinera per Hiberniam faciēbam. omnibus dīcēbam id quod Deus nōbīs facit. mox multī Hibernī putābant Deum esse. etiam nunc haec itinera faciō; nam omnibus putandum est Deum esse.

multīs post annīs *many years later*

ego sacerdōs *I, a priest*

quondam *once*

ovēs cūrāns *taking care of sheep*

itinera *journeys*

omnibus *to all*

id quod *that which;* better, *"what"*
nōbīs *for us*
facit *does*
putābant Deum esse *were thinking that God was;* better, *were believing in God*

etiam nunc *even now*

omnibus *by all*
putandum est Deum est *it must be thought that God is;* better, *must believe in God*

VII

Magnus Est Deus

rē vērā Deus est magnus. eī nōn crēdēbam, sed mihi multa dedit. miser eram, sed Deus mē cūrābat. nam Christus ipse erat miser. quid Deō dare possum, quī mihi magnum auxilium tulit? itaque grātiās tibi semper agō, Deus mī!

rē vērā *truly*
eī *him*

crēdēbam *I was trusting in*
multa *many things*

cūrābat *was caring for*

quī *who*

mī *my*

fīnis.

Appendix:
A Note to Teachers

Thank you for giving this book to your students to read!

To the best of my ability, I have written this book in a Classical idiom to the extent the limited vocabulary allows. If you should find any typos or other more serious mistakes or omissions, please let me know at domusmilvina@fastmail.com. I will be very grateful!

An explanation about the label. As you can see on the back cover, I designated this book as "Level B, Volume 10.1." All "Level B" means that this book is pitched at higher dificulty than my Level A books. Please do not equate Level B with Latin 2. I purposely used letters instead of numbers to avoid putting any pressure on teachers.

The "10" of "Volume 10.1" means that I give this novella to my students after we have completed ten units of Comprehensible Input instruction together. The "1" means that this is the first of my novellas based on these ten units.

Someday I hope to put teaching materials on my website, but until that time, here are the verbs to which my students have received repeated exposure (in the singular of the present, imperfect, and perfect tenses) before being asked to read this book:

abeō	habeō	sciō/nesciō
agō	inquam	sum
capiō	placeō	veniō
dō	possum	videō
eō	respondeō	volō/nōlō
ferō		

They have also repeatedly seen the passive perphrastic and the ablative absolute.

LEXICON

ā *from, away from; by*
ab *from, away from*
abeundum erat *it had to be left*
abendum est *it has to be left*
abī! *go away!* [an order made to one person]
abībant *(they) were going away; they were leaving*
abībimus *(we) will go away, we will leave*
abībis *(you) will go away, you will leave* [one person]
abībō *(I) will go away, (I) will leave*
abieram *(I) had gone away, (I) had left*
abierant *(they) had gone away, (they) had left*
abiī *(I) went away from; (I) left*
abiissent *(they) had gone away, (they) had left*
abīre *to go away, to leave*
abīrem *to go away, to leave; (I) should leave; (I) might leave*
abīs *(you) go away, (you) leave*
abītūrum esse *would go away, would leave*
ad *to, towards*
agāmus *(we) should do*
age! *come on!*
agēbam *(I) was giving*
agerem *(I) should do*
agerēmus *(we) should do*
agite! *come on!*
agō *I give*
aliam *another*
aliī *other*
aliōs *other*
aliquid *something*
   aliquid magnī *something great*
aliud *another*

amābam *(I) loved, (I) was loving*
amābat *(he) loved, (he) was loving*
amāre *to love; loved, was loving*
amat *(he) loves*
annīs *years*
annōs *for years*
audī! *listen!*
audiō *(I) hear*
audīre *to listen to, to hear*
audīs *(you) hear*
audītā *having been heard*
   vōce audītā *the voice having been heard;* or, *after the voice had been heard*
audītō *having been heard*
   mē . . . audītō *me having been heard;* or, *after hearing me*
   hōc audītō *this having been heard;* or, *after hearing this*
audīveram *(I) had heard*
audīvī *(I) heard*
auxiliō *by the help*
auxilium *help*

bene *well*
bonam *good*
bone *good*
bonum *good*
Britannī *Britons*
Britannia *Britain*
Britanniā *Britain*
Britanniam *Britain*
Britannōs *Britons*
Brittaniam *Britain*

Calpurnius *Calpurnius* [a name]
capiēbant *(they) were capturing*
captus *captured*
cēpērunt *(they) captured*
Christiānī *Christian; Christians*
Christiānum *Christian*
Christiānus *a Christian*

Christus *Christ*
cibī *of food*
   multum cibī *a lot of food* [literally,
   "much of food"]
cibum *food*
Concessa *Concessa* [Patricius's mother]
crēdēbam *(I) was trusting in*
crēdendum
   crēdendum erat *it needed to be trusted*
cuiusdam *a certain, a*
cum *after*
cūr? *why?*
cūrābam *(I) was caring about; (I) was
   caring for*
cūrābant *(they) were caring about*
cūrābat *(he) was caring for*
cūrāndae
   cūrandae erant *(they) had to be cared
     for*
cūrāns *caring for*
cūrāre *to care for*

dare *to give*
dē *about*
dedit *(he) has given; (he) gave*
dēfenderant *(they) had defended*
dēfendere *to defend*
dēfenderent *they might defend*
Deī *of God, God's*
Deō *to God; God*
Deum *God*
Deus *God*
dīcēbam *I was speaking*
dīcendum
   dīcendum est *it must be spoken*
dīcerem *(I) might speak*
dīcis *(you) say*
dīcō *(I) say; (I) speak*
diē *day*
diēbus *days*
diēs *for days; days*

dīxerant *(they) had spoken*
dīxerat *(he) had said*
dīxit *(he) said*
domī *at home*
domō *home; from home*
   domō vīsā *my home having been seen*
domum *a home; to home*
domus *home*
dormiēbam *(I) was sleeping*
dormiēns *sleeping*
dūcam *I will lead*
dūcēbat *(he) was leading*
dūcendī
   dūcendī erant *(they) had to be led*
ducenta *two hundred*
dūcere *to lead*
ductūrum
   ductūrum esse *(he) would lead*
ductus
   ductus sum *I was led*
duōbus *two*
duōs *two*
dūxerat *(he) had led*
dūxērunt *(they) led*
dūxī *I led*
dūxistī *(you) led*
dūxit *(he) led*

eam *the one*
ecce! *look!*
ēgī *I gave*
ego *I*
ēheu! *oh no!*
eī *to him*
eius *his*
eōs *them*
eram *(I) was*
erāmus *(we) were*
erant *(they) were*
   cūrandae erant *(they) had to be cared
     for*

dūcendī erant *(they) had to be led*
erat *(he/she) was*
    abeundum erat *it had to be left*
    crēdendum erat *it had to be trusted*
    manendum erat *it had to be stayed*
    ferendum erat *it had to be brought*
    faciendum erat *it had to be made*
eratne? *was it?*
es *(you) are* [one person]
esne? *are you?* [one person]
esse *to be; was; is; am*
est *(he/it) is*
    abeundum est *it must be go-ed away*
    dīcendum est *it must be spoken*
    eundum est *it must be go-ed*
    faciendum est *it must be made*
    manendum est *it must be stayed*
    putandum est Deum esse *it must be believed in God* [literally, "it must be believed that God is"]
et *and*
  et . . . et *both . . . and*
etiam *also*
eum *him*
eundum
    eundum esse *it had to be go-ed*
    eundum est *it must be go-ed*
ex *out of, from*
exspectābat *(it) was waiting for*
exspectāre *was waiting for*
exspectat *(he/it) waits for*
exspectāvit *(he) waited for*

facere *to make; to do*
faciam *(I) will make*
faciēbam *(I) was making; (I) was doing*
faciēbāmus *(we) were making*
faciendum
    faciendum erat *(it) had to be made, needed to be made*
    faciendum est *(it) must be made*

faciō *I make*
facit *(he) does*
factī
    factī sumus *(we) were made*
factūrī
    factūrī sumus *(we) are about to make*
factus
    factus sum *(I) was made*
fēcī *I made*
fēcisse *had made*
fēcit *(he) has done*
fer! *bring!* [an order made to one person]
ferēbant *(they) were bringing*
ferendum
    ferendum erat *had to be brought*
feret *(he/it) will bring*
ferre *to bring; to carry*
fers *(you) bring* [one person]
fert *(he) brings; (he) does bring*
fiēbant *(they) were being made*
fierem *(I) might become*
fīlī *son*
fīlium *a son*
fortasse *perhaps*
fuerat *(he) had been*
fuī *(I) was*

Galliam *Gaul* [modern France]
Germānī *Germans*
grātiās *thanks*

habeāmus *we may have*
habēbam *(I) was having; (I) had*
habēbāmus *(we) were having; (we) had*
habēmus *(we) have*
habēre *to have*
habitābam *(I) was living*
habitābāmus *(we) were living*
habitābat *(he) was living*
habitābō *(I) will live*

habitāre *to live*
hāc *this*
haec *these things; this*
hanc *this*
hī *these*
Hibernī *Irish*
Hiberniā *Ireland*
Hiberniam *Ireland*
Hibernīs *to the Irish*
Hibernōrum *of Irish*
Hibernōs *the Irish, Irish*
Hibernum *Irish*
hoc *this*
hōc *this*
hominem *person; man*
hominēs *men; people*
homō *a man*
hōs *these*
huius *this*
hunc *this*

iam *now; already*
   nōn iam *no longer*
ībant *(they) were going*
ībat *(it) was going*
ibi *there; in that place*
ībō *I will go*
id *that*
   id quod *that which = what*
iī *I went*
iīs *them; to them*
illa *that*
illā *that*
illae *those*
illam *that*
ille *he*
illīs *those*
illō *that man; that*
   illō in oppidō *in that town*
imperium *empire*
in *in; into*

inquam *I said*
inquit *(he/she) said*
inquiunt *(they) said*
interfēcisse *had killed*
ipse *himself*
īre *to go*
Ītaliā *Italy*
Ītaliam *Italy*
itaque *and so*
iter *a journey*
itinera *journeys*
iubēbant *(they) were telling*
iubēbat *(he) was telling*
iusserat *(he) has told*
iussit *(he) told*
iussitne? *did (he) tell?*
iuvenem *when I was a young man*
iuvenis *young man, a young man*

laetī *happily; happy*
laetior *happier, more happy*
laetissima *very happy*
laetissimus *very happy*
laetus *happy; happily*
latrōnēs *brigands, pirates*
lātūram
   lātūram esse *would carry*

magister *master*
   magister nāvis *master of the ship,*
     captain
magistrō *to the master*
magistrum *the master*
magnā *big, large*
magnī
   aliquid magnī *something important*
magnum *great; important*
magnus *great*
mala *bad things*
male *wicked, bad*
malum *wicked, bad*

40

malus *wicked, bad*

manē! *stay! remain!* [an order made to more than one person]

manēbāmus *(we) were staying*

manendum
  manendum erat *it had to be stayed, it needed to be stayed*
  manendum est *it must be stayed*

manēre *to stay*

mare *the sea*

māter *mother; my mother*

mātre *mother*

mātrem *a mother; my mother; mother*

mē *me; I;*

mea *my*

meā *my*

meam *my*

meum *my*

nī *my*

mihi *to me; to myself; me; my; by me*

mīlia *thousands*
  mīlia passuum *miles* [literally, "thousands of paces"]

mīlitēs *soldiers*

mīlitibus *by the soldiers*

miser *miserable, wretched*

miserī *miserable, wretched*

miserum *miserable, wretched*

montēs *the mountains; mountains*

montibus *mountains; the mountains*

morerer *I might die*

morī *to die*

moriēmur *we will die*

moritūrī *about to die; going to die*

mox *soon*

multa *many; many things*

multī *many*

multīs *many; many people*

multōrum *many*

multōs *many*

multum *much, a lot*

nam *for* [=a weak "because"]

nāve *with the ship; the ship; ship*
  nāve vīsā *the ship having been seen*

nāvem *ship; a ship; the ship*

nāvēs *ships*

nāvibus *in their ships* [literally, "by means of their ships"]

nāvis *ship; the ship; a ship; of the ship*

nesciēbam *I was not knowing; I didn't know*

nesciēbāmus *we were not knowing; we didn't know*

nōbīs *to us; for us; by us; us*

nōbīscum *with us*

nocte *night*

noctēs *for nights*

nōlēbam *I was not wanting; I did not want*

nōlī! *don't!* [an order made to one person]
  nōlī abīre! *don't go away!; don't leave!*

nōlle *was not wanting; did not want; was unwilling*

nōlō *I do not want; I am unwilling*

nōmen *name*

nōmine *by name; named*

nōn *not*

nōnne? *surely?; didn't? doesn't?* [indicates a question needing the answer "yes"]

nōs *we; us; ourselves*

nostra *our*

nostrum *our*

nūllae *no*

nūllī *no*

nūllum *no*

numquam *never*

nunc *now*

ō *o* [used when talking directly to someone]

omnēs *all; all people*

omnibus *to all people; by all people*

oppidō *town; a town*

oppidum *town; a town*

ovēs *sheep; the sheep* [more than one]

ovibus *the sheep*

> **ovibus vīsīs** *the sheep having been seen*

parvō *small*

passuum *of paces*

> **mīlia passuum** *miles* [literally, "thousands of paces"]

pater *father; a father; my father*

patre *my father*

patrem *a father; my father*

Patricī *Patrick*

Patricius *Patrick*

per *through*

placēbam *(I) was pleasing*

placēbant *(they) were pleasing*

placēbat *(he/it) was pleasing*

placent *(they) are pleasing; (they) do please*

placeō *(I) am pleasing*

placērem *(I) was pleasing*

placēs *(you) please* [one person]

posse *was able*

possum *(I) am able*

possumus *(we) are able*

post *later; after*

poteram *(I) was able*

poterāmus *(we) were able*

poterant *(they) were able*

poterat *(it) was not able*

potest *(he) is able*

potuimus *(we) were able*

precābar *(I) was praying; (I) prayed*

precantem *praying*

precāris *(you) pray* [one person]

precātus

precātus es *(you) prayed* [one person]

prope *near*

puer *a boy*

putābam *(I) was thinking; (I) thought*

putābāmus *(we) were thinking; (we) thought*

putābant *(they) were thinking*

> **putābant Deum Christiānum esse** *they did not believe in the Christian God* [literally, "they did not believe that the Christian God was"]

putandum

> **putandum est** *it must be thought*
>
> > **omnibus putandum est Deum esse** *it must believed in God by all people* [literally, "it must be thought that God is by all people"]

putant *(they) think*

putō *(I) think*

quādam *one* [meaning, "a specific"]

quae *which*

quam *which*

quem *to whom*

quendam *a, a certain*

quī *who*

quia *because*

quid *what*

quīdam *a, a certain*

quod *which; what*

quōdam *a certain, a*

quoddam *a certain, a*

quōmodo? *how?; by what method?*

quondam *one day; formerly*

quoque *also*

rē

> **rē vērā** *in truth, actually*

rēgem *king*

rēgis *of the king*

respondī *(I) responded; (I) replied*
respondit *(he) responded; (he) replied*
rēx *the king*
Rōmānī *Roman; the Romans*
Rōmānīs *Roman*
Rōmānum *Roman*
rūrsus *again*
rūsticus *from the country*

sacerdōs *a priest; as a priest*
sacerdōtēs *priests; the priests*
salvē! *hello! [spoken to one person]*
sāncte *holy*
sānē *clearly; obviously*
sciēbam *(I) was knowing; I knew*
sē *himself; he;*
sed *but*
semper *always; forever*
servī *slaves*
servum *as a slave; a slave*
servus *a slave;*
sex *six*
sīcut *just as*
silvā *a forest; forest*
silvam *a forest; the forest*
silvās *forests*
silvīs *forests*
sitā *located*
sitō *located*
situm *located*
sōlus *alone; by myself*
suā *their*
suās *his*
subitō *suddenly*
suēs *pigs; hogs*
sum *(I) am*
    ductus sum *(I) was led*
    factus sum *(I) was made; I became*

sumus *(we) are*
    factī sumus *(we) were made*
    factūrīs sumus *(we) are about to make;*
      (we) are going to make

tamen *however*
tandem *at last*
tantum *only*
tē *you [one person]*
terrā *land*
tibi *to you; by you [one person]*
trēs *three*
trīstis *sad*
trīstissimus *very sad; very sadly*
tū *you [one person]*
tua *your*
tuā *your*
tulerat *(he) had brought*
tulērunt *(they) brought*
tulisse *had brought*
tulistī *(you) brought*
tulit *(he) brought*
tum *then*
tuum *your*
tuus *your*

urbe *city*
ut *so that*

valdē *a lot; really; very*
vellem *(I) would want*
vēnērunt *(they) came*
venī! *come! [an order made to one*
    person]*
vēnī *(I) came*
veniēbant *(they) were coming*
vēnimus *(we) came*
venīre *to come;*
venīrem *(I) might come*
vēnistī *(you) have come*
vēnit *(he/it) came;*

ventūrōs
> esse ventūrōs *would come*

vēra *true; real*

vērā
> rē vērā *in truth, actually*

vēram *true; real*

vidēbō *(I) will see*

videō *(I) see*

vidēre *to see*

vīdī *(I) saw*

vir *man*

virī *men*

virum *a man*

vīs *(you) want*

vīsā *having been seen*

vīsīs *having been seen*

vīsne? *do (you) want?; are (you) willing?*

vīsō *having been seen*

vīsūram
> esse vīsūram *would see*

vīsūrōs esse *would see*

vōbīs *you* [more than one person]

vōbīscum *with you* [more than one person]

vocābās *(you) were calling* [one person]

vocābat *(he) was calling*

vocāre *was calling*

vocat *(he) is calling*

vōce *the voice; voice*

vōcem *a voice; the voice; voice*

vōcēs *the voices*

volēbam *(I) was wanting; (I) wanted*

volēbat *(he) was wanting; (he) wanted*

volō *I want*

vōs *you* [more than one]

vōx *the voice; voice*

vult *(he) wants*

More Latin Novellas from Domus Milvina

Level A

6.1 – *Ūnus Rōmānus* (Now available!)

The Etruscans are coming! The Romans have driven out their evil king Tarquinius, but he's back. With his friend King Porsenna. And an army. The Romans know they can't win if it comes to a fight. Can they save their tiny city? Can just one man make a difference? Horatius is going to find out . . .

6.2 – *Ex Sepulcrō* (forthcoming)

He seems like a good priest. But where does he take the money given for the poor? And why does he always go to the graveyard at night? Perhaps the villagers and the bishop should investigate . . . But someone, or should we say some *thing,* has already taken the situation in hand . . .

Level B

8.1 – *Ad Orcum* (Now available!)

Sometimes the best day of your life becomes the worst. No matter what people say, poisonous snakes and wives just don't mix. But Orpheus, the greatest musician in the world, isn't the type to back down—even to death. He's taking his show on the road – all the way to underworld – to get his Eurydice back.

12.1 – *Ducēs et Cohcleae* (forthcoming)

Marius the Great. Marius the Conquerer. Marius the Invincible. Marius the Loser? Marius is the greatest Roman general; but, in the wilds of Numidia, he seems to have bitten off more than even he can chew. Sometimes you just have to trust to luck . . . and to some non-human helpers.

Printed in Great Britain
by Amazon

22861708R00037